희수에 띄우는 추억의 랩소디

김효순 제2시집

오늘의문학사

희수에 띄우는 추억의 랩소디

일러두기

본문에 사용한 '>' 표시는 연과 연 사이의 '빈 줄'을 나타냅니다.

| 서시 |

힘겨운 삶의 그루터기 넘다보니
어느새 내 나이 럭키럭키 세븐
올해도 상반기가 훌쩍 지나갔다
왜 이리 세월이 빠른 걸까

이만하면 살 것 같더니
초봄부터 어지럼증이
자꾸만 친구하자 괴롭히니
매사가 힘들고 귀찮기만 하다

병원 여기저기를 드나들며 걸을 때면
뱃멀미처럼 속이 울렁울렁 거려
넘어질까 봐 조심스럽다

내 인생 꽃피는 칠십대
아플 때도 되었지만
하루하루 후회는 없다
더 곱고 야물게 잘 익어가야지

이제 한눈 팔 시간이 없다
어제보다 더 아름다운 노을 인생
건강 지키며 재미나게 살고 싶다.

| 프롤로그 |

    유난히 파란 팔월 하늘에 하얀 양떼구름이 사랑하는 가족들의 얼굴을 하나하나 떠올리게 합니다. 철부지 어린 시절엔 선생님 생각은 기억 저편에 있었는데, 내 나이 꽃피는 칠순에야 '시의 유혹에 빠져라'라는 매혹적 문구 하나에 인문학에 첫 발을 내딛고 얼마나 내 가슴 설레었던가? 어느새 7년이라는 세월이 아름다운 시 얼레에 곱게 감겨 나를 행복하게 하고 있습니다. 학창시절 문학소녀를 꿈꿨던 나, 감성 높으신 선생님을 만나 삽시간에 시 창작에 매료되어 마술 같은 발상학습지에 가슴속 시어 색칠해가며 하염없이 인문학의 바다에 빠져들었습니다.
    그런데, 내 인생 늘그막에 문학의 길 활짝 열어주신 고마운 나의 문학 선생님께서 결혼 50주년에 펼쳐낸 나의 제1시집 『금혼에 부르는 세레나데』를 곱게도 수놓아주셨지요. 정말 수줍게 꺼낸 가족 얘기, 어깨 너머로 좋아했던 음악 이야기, 잔잔한 일기 같던 나의 문학을 고운 시의 옷으로 입혀주신 내 생애 최고의 선생님입니다. 선생님과 동시대를 함께 하고 있음이 남은 인생 저의 최고 행복입니다. 그런데 어느덧 내 나이 희수를 맞아 또다시 『희수에 띄우는 사랑의 랩소디』라는 제2시집을 조용히 펼쳐 사랑하는 님들과 함께 공유하고 싶습니다.
    인생 77세, 저는 더 이상도 이하도 아닌 이 상태에서 참으로 살만하고 행복합니다. 희수를 맞이하기까지 사랑하는 우리 가족들에게 변변한 인사 한 마디 못했는데, 이 자리를 빌려 모두 모두 고맙고 사랑한다는 말을 전하고 싶습니다.

다가오는 멋진 가을날 우리 모두 낙엽 진 길을 걸으며 그간 살아온 이야기 나누며 곱게 쌓여진 추억의 랩소디를 함께 불렀으면 좋겠습니다. 모두 모두 사랑합니다.

2022년 8월 31일
김효순

| 격려사 |

희수에 띄우는 사랑의 랩소디

시인·문학평론가 김숙자

　사람에게서도 잘 익은 과일 향처럼 달콤한 냄새가 나는 사람이 있다. 이는 억지로 익혀서 나는 인공향이 아니라 천연에서 저절로 농익어 자연스레 맛이 우러나오는 자연의 맛깔난 맛을 말한다. 김 효순 시인이 바로 그런 사람이다. 외모로는 아직 육십대라고 칭송을 받고 있지만, 김 효순 시인은 올해 희수(喜壽)를 맞았다. 희수(喜壽)는 우리 나이로 77세를 일컫는 한자 용어이다. 이는 희(喜, 기쁠 희)의 초서체가 칠칠(七七, 일곱 칠)로 읽히기 때문에 행운의 숫자가 두 번 겹치는 해이기도 하여 '즐겁고 기쁘다'는 뜻이 담겨있다. 결코 많은 나이는 아니지만 결코 적은 나이도 아니다. 어쩌면 자연스레 세월의 맛으로 잘 익어온 과일의 감칠맛에 비유할 만한 향기를 지닌 시인이다. 그는 2년 전에도 결혼 50주년을 맞이하여 누구도 감히 펼쳐낼 수 없는 '금혼에 부르는 사랑의 세레나데'라는 제1시집을 펴내어 세인들의 부러움을 사기도 하였다.

　사람이 인생을 살아가면서 그 사람 나름대로의 농익은 삶의 향기를 시집으로 펴낸다는 게 결코 쉽지 않은 일임을 나는 너무도 잘 알고 있다. 그러나 김 효순 시인은 외모에서부터 자신감이 있어 보이고, 무엇에나 자신만만하다. 그리고 남이 부러워할 정도로 안정되게 가정생활을 잘 유지해 오면서 그야말로 현모양처의 삶을 잘 살아왔음을 쉽게 알 수 있다. 슬하에 자녀 둘을 낳아 기르면서도 어디에 내놓아도 손색이 없을 만큼 자식 교육도 훌륭히 잘 해내셨다. 지금은 자식들의 안정된 사랑을 한 몸에 받으며 그야말로 여유로운 노후를 즐기며 살고 있다. 그런가하면 두 자녀의 안정되고 성공한 삶이 주위에 더 부러움을 사고 있어 더욱 노후가 복되고 있다.

어디 그 뿐인가? 김 시인은 남편의 내조에도 여왕의 칭호가 붙을 만큼 내조에도 달인이다. 이렇듯 가정에 엄마 손길이 조금 잠잠해질 즈음부터는 자기 자신의 자아실현에 한 치 오차 없이 하고자 한 취미생활과 열정적인 창작 생활로 노후를 자신감 있게 잘 살아오고 있다. 일찍이 아무나 취미생활로 할 수 없었던 '볼링'을 접해 오면서 함께 한 선후배들과 지금까지 끈끈한 세월의 교분을 가지고 재미있는 활동을 해오고 있으며, 또한 우리 세대들의 로망이었던 '팝송 공부'와 글쓰기의 마지막 꽃이라 할 수 있는 시 창작활동에도 세월을 고스란히 보듬어 안을 수 있는 아름다운 시를 써서 어느 덧 저서가 2권에 이르고 있다. 제1시집은 결혼 50주년을 기념하는 뜻에서 『금혼에 부르는 사랑의 세레나데』를 펴내어 주위를 놀라게 하였을 뿐만 아니라 이번엔 의미 있는 삶의 그루터기에서 인생의 '희수'를 맞이하여 또다시 제2시집 『희수에 띄우는 사랑의 랩소디』를 펴내게 된 것이다. 정말 한번 뿐인 인생을 누구보다 금쪽 같이 귀히 여기며 사람답게 살아가려는 의지로 충만해 있는 김 시인을 마음껏 칭찬하고 싶다.

필자하고는 세이 문화센터에서 인문학을 통한 시 창작 강좌 '시와 연애하라'라는 멋진 문구 하나에 매료되어 필자와 함께 창작 수업에 세월을 함께 하며 급기야는 '글마중문학회'를 창설해 운영해 가며 노을빛 아름다운 시간을 문우들과 함께 멋지게 공유해 가고 있다.

 앞으로도 김 효순 시인의 앞날에는 더 멋진 일들로 가득찰 것이다. 김 시인의 앞날에 건강과 무궁한 영광이 함께 주어지기를 바란다. 그리고 바라건대 팔순에도 더 멋진 사랑 노래로 '제3시집'을 선물해 주기를 바라마지 않는다.

| 목차 |

서시 • 05
프롤로그 • 06
격려사 • 08

첫째 마당 그리움이 빗물처럼

인생의 바람 • 16
추억의 땅에서 • 17
수국 정원에서 • 18
썬셋 투어 • 20
제주의 유채꽃 • 22
그리움이 빗물처럼 • 24
벚꽃 흩날리는 날에 • 25
호박 쌈 • 26
치통 • 28
음악, 또 하나의 분신 • 29

둘째 마당 희수에 바치는 꽃다발

봄비 오는 날 • 32

설레임 • 34

손 편지 • 35

스타트 • 36

집시의 달 • 38

희수에 바치는 꽃다발 • 40

칭찬 • 42

나의 버킷리스트 • 44

홈쇼핑 • 46

크리스마스 캐럴 • 47

달력 • 48

열무국수 • 50

등갈비 찜 • 51

셋째 마당 그리움이 물드는 언덕

나의 별님 트바로티 • 54

이 가을엔 울고 싶어라 • 56

노후 준비 • 57

글마중캐슬이여 영원 하라 • 58

소나기 • 60

비에 젖은 장미 • 61

동네 빨래터 • 62

그렇게 익어간 무주의 여름밤 • 64

반세기의 흔적 • 66

나의 인생 스승 • 68

떠나보기 • 70

한 평의 땅 • 72

넷째 마당 아픔도 추억이 되려니

아픔도 추억이 되리니 • 74

하얀 목련 • 75

쑥 지짐이 • 76

꽃다발 • 77

목련꽃 • 78

봄비 • 79

밤새 내린 눈 • 80

산 너머 봄자락 • 82

나만의 일기장 • 83

인생 낙엽 • 84

액땜 • 86

골프경기 • 88

머플러 • 90

수수부꾸미 • 91

평론 _ 김숙자(교육학박사/문학평론가) • 93

첫째 마당
그리움이 빗물처럼

인생의 바람

세월의 하늘아,
너는 왜 그리도 곱니?
연둣빛으로 뭉게구름으로
세월의 집을 짓고
아름다운 내 인생 꽃수도 놓으니 말이야

세월의 나뭇잎아,
너는 어디서 그 고운 물을 가져왔니?
부드러운 바람결
사랑의 향긋한 냄새가
내 뺨에도 물이 들어 좋구나

세월의 시야,
너는 어디에서 날아오니?
살랑거리는 설레임
그 부드러운 감촉들
이 모든 것들이 나를 세월의 포로가 되게 하는구나.

추억의 땅에서
- 제주여행 2 -

나에게 제주는
외로워서 울고
서러워서 많이 울었던 곳
그렇지만 나의 제2의 고향이다

그이와 결혼해서
예쁜 첫 딸을 낳고
결코 잊을 수 없는
아름다운 섬, 땅이다

남편의 팔순을 맞아
찾아온 새로운 제주는
우리 세포가 기억하고 있는
모두가 추억이고 사랑의 땅이다

모처럼 산해진미와
감귤 막걸리에 취해
귀가 터지도록 충동을 시키는
스탠드 바 디제이의 멋진 음악에 맞춰
몸이 저절로 춤을 추고 있다.

수국 정원에서
- 제주 여행 3 -

온갖 색들로 만발한
화려한 제주 수국 정원
모처럼 숨겨온 포즈를 잡고
젊은 날 기질을 살려 기념사진을 찍었다

틈틈이 즐기는 브런치 카페
제주에서 맛보는 성게 미역국
맛있는 흑돼지 구이
오늘따라 천하일품이다

그이의 첫 부임지였던 제주
내가 낳은 아들 딸 앞장 세워
이제 팔순의 노을로 찾아온 우리
참 잘 살았다고 토닥토닥 품어준다.

썬셋 투어
- 제주 여행 1 -

초록이 물들어가는 유월
아버지 팔순 기념으로
아들 며느리 딸 사위
제주 비행기에 몸을 실었다

사위의 세심한 배려로
처음 타보는 비즈니스석
생각지도 않던 설레임으로
괴롭던 두통까지 말끔히 사라졌다

자식 내외가 멋지게 짜놓은
자상한 스케줄에 맞춰
코로나 이후 모처럼 만난
사랑하는 아들 딸 나의 가족들

점심엔 근사한 스테이크에
샴페인까지 모두가 일품이다
썬셋 일몰 투어로 지는 해 바라보며
머릿속 어지러움까지 일제히 날아갔다.

제주의 유채꽃

꽃 같던 새댁 시절
눈물로 지새우던 타향살이
나의 신혼 시절은 제주에서 시작됐다
남편이 출근해 버리면
어느 변방에 버려진 듯
고독과 눈물과 외로움이
내 뼛속까지 스며들었다
그러기에 종일 외롭고 서러웠다

어느 휴일
성산봉 일출을 보기 위해
나를 그 곳에 데리고 갔을 때
그 감동은 어떤 말로도 대신할 수 없어
와, 라는 감탄사만 연신 흘러나왔다
너른 하늘에 누가 그렇게
붉은 치자물을 뿌려놓았을까

노란색의 꽃물결
그 너른 가슴에 흐드러진 유채꽃
너무도 장관이었다
지금도 눈만 감으면

제주의 노오란 유채밭이
물결처럼 내게로 밀려온다.

그리움이 빗물처럼

오월이면
딸내미 살던 아파트 담장에
장미 넝쿨이 흐드러진다
매혹의 빨강 장미
비에 흠뻑 젖으니
눈물이 빗물처럼 뚝뚝 떨어진다

지금은
떠나고 없는
그 길을 지나노라면
장미꽃에 내 딸이 오버랩 되어
외로움 알알이 눈가에 맺혀
이슬처럼 촉촉이 젖어 흐른다.

벚꽃 흩날리는 날에

살랑살랑
부는 봄바람에
벚꽃 잎이 휘날리면
눈꽃송이 되어 나부낀다
하늘에서 내려주는 보석이어라

온천지가 꽃물결이다
꽃구경 갈까
동네 한 바퀴 돌아봐도
내미는 손끝마다
벚꽃이 지천이다

흐드러지게 만발한 벚꽃
내 눈가에
내 머리 위에
내 마음 속에
아름다운 꽃비를 뿌린다.

호박 쌈

남편과 나는
호박잎쌈을 너무 좋아한다
일주일마다 동네 장터에서
호박잎 사재기를 한다
꽉 찬 한 보따리 사고 나면
부자가 된 듯 기분이 짱이다
삼발이에 호박잎 한소끔 찌고
된장에 소고기 버섯 양파 청양고추에
갖은 양념 넣어 자박자박 강피장을 졸여낸다

초록빛의 호박잎쌈을
두세 장 예쁘게 펴고
밥 한 숟갈에 강된장 얹어
푸짐하게 싸서
입이 터질 만큼 싸 먹으면
집 나간 입맛까지 되돌아온다
강된장에 호박잎쌈은 정말 밥도둑이다.

치통

얼마 전부터
왼쪽 어금니가
말썽을 부린다
그래도
내 나이에 치아는
양호한 편인데
검진을 해 보니
씌운 어금니가
폭삭 썩어있단다

울 엄마
치아가 좋으셔서
엄마 닮은 줄 알았는데
컨디션이 난조를 보인다
임플란트 신세를 져야 한단다
간신히 진통제로 가라앉히곤 있지만
골다공증이 있어
3개월 후로 예약을 했다
맛있는 음식들은 눈앞에서 어른거리는데
따끈한 잔치국수로 허전한 마음 달래봐야지

음악, 또 하나의 분신

음악은
늘 나의 위로이다
기쁠 때도
슬플 때도
음악만 있으면 행복하다

음악은
또 하나의 나의 분신
애절한 바이올린 연주
물방울 통통 튀는 피아노 연주
가슴 후비는 색소폰 소리
경쾌한 기타의 선율

이 얼마나 멋진 일인가
음악만 있으면
아무것도 부러울 게 없다
음악은 내 친구
아름다운 노래의 날개 위에
나는 행복의 춤을 춘다.

희수에 띠우는 추억의 랩소디

김효순 제2시집

둘째 마당

희수에 바치는 꽃다발

봄비 오는 날

봄비 내리는
창밖 풍경이 너무 좋다
겨우내 움츠렸던 나뭇가지에
봄비가 생동감을 더해준다

유난히
봄비를 좋아한 나
봄비 노래 흥얼거리며
어디론가 떠나고 싶다

세월이
흐르고 보니
모두 마음뿐이고
온몸이 쑤셔 꼼짝하기도 싫다

봄비 오는 날은
나이 탓 하지 말고
숨은 침대에서 내려와
책을 읽으며 다시 비에 젖어봐야지.

톡톡톡톡
봄이 오는 소리

설레임

터널 속 같은
춥고 어두운 긴 겨울
꽁꽁 얼었던 땅 위에도
너는 향기를 뽐내며
설레임으로 내게 다가온다
기다리지도 않았는데
어느새
내 맘 속에 함께 있구나

내 뺨에 살며시 부는 봄바람
매화가지에 팝콘처럼
꽃망울을 터트린다
기다리지 않아도
보내지 아니해도
우리네 인생 뜻대로 안되건만
순리대로 내게 오는 봄
설렌 마음으로 안아주리라.

손 편지

봄이면
알록달록
꽃 편지로

여름이면
시원한 계곡
맑은 폭포수로

가을이면
자박자박
낙엽 편지로

겨울이면
눈 쌓인 골짜기
맑은 시냇물 소리로

나는
그렇게
너에게로 다가간다.

스타트

서로 헐뜯고
온갖 시비 난무했던
역대급 비 호감 대통령 선거
국민을 하나로 통합시킬
새로운 인물에 내 한 표 던졌다

자기만의 소신대로
잘 이끌어갈 후보를 지원하며
초박빙 티브이 중계를 보며
밤을 하얗게 지새웠다.

처음엔 여당 대표가
앞서 가더니
자정을 넘기면서는
역전이 되었다

새벽녘쯤
내가 선택한 후보의
당선이 확실시 되고
간발의 차이로 결과는 브라보
〉

온 국민이
잘 살 수 있도록
바르고 공정한 정치
출발선에 서서 기대해 본다.

집시의 달

바이올린 연주하면
내 마음 애절하게 만든
사라사테 최고의 걸작
집시의 달이 떠오른다

처음엔 천천히
선율이 움직이다가
점점 섬세하게 때론 강렬하게
연주가 시작된다

내 마음은
바이올린 세계로
여행을 떠난다

멋진 오케스트라 단원들
지휘자의 멋진 날갯짓
아름다운 하모니에
내가 빠져 황홀해진다

아주 오랫동안
내 귓가에

내 마음 속에 함께 하기에
너무도 행복해진 집시의 달이여.

희수에 바치는 꽃다발

꽃 중의 꽃
장미꽃 한 다발
그 그윽한 향에 취하고 싶다
오래도록 그 향에 머물고 싶다

일곱 송이 수선화
트윈 포지오의 하모니에
허밍으로 나의 콧노래를 실어본다

예전에 아름다운 신부가
다소곳이 부케를 들었던
안개꽃에 살짝 미소 짓던 모습
지금도 그립다

이제
내게 희수가 찾아오니
산등성이에 핀 할미꽃도 눈에 들어온다
보랏빛 그 할미꽃에 내 눈길이 머문다

꽃이여
향기여
아름다움이여

오늘 나 너에게 바친다
내 곁에 오래오래 머물러다오.

칭찬

이제는
서로에게
칭찬이 되고 싶다

아주 사소한 일로
입씨름을 하다보면
고집이 말썽이다

네가
변하기를 기다리느니
내가 먼저 변하자

얼굴 서로 붉히다가도
희끗한 그의 반백이
내 마음을 찡하게 한다

작은 하나서부터
칭찬으로 되돌려
속절없는 세월 채워보리라
〉

아주 평범하게
가끔은 특별하게
그렇게 그렇게.

나의 버킷리스트

내 젊은 날
나의 로망은
빨강색 자동차를 갖고 싶었다
그러나 삼십 년 지난 지금도
여전히 흰색 자동차다

나이가 있으니 이젠 미룰 수는 없고
우리 집 여자 다섯
손녀딸 대학 입학하면
해외여행 신나게 하기로 했는데
그놈의 코로나가 길을 막았다

황혼이 아름다운 칠순 땐
크루즈여행 가기로
남편과 약속했는데
그놈의 코로나가 또 말썽이다

이젠 큰 바램도 없다
봄 향기 물든 어느 날
목적지 없이 여행을 떠나련다
발길 닿는 대로
그냥 그렇게

〉
어느 아늑하고 조용한 숙소에서
와인 한 잔 곁들이며 조용히
잔을 부딪치고 싶다
지는 해 바라보며.

홈쇼핑

집에 있으면
심심할 때
홈쇼핑 채널을 돌린다

평소 옷을 좋아하기에
맘에 드는 것이 있으면
금방 주문을 한다

그런데
열 번 주문하면
일곱 번은 반품이다
화면에서 보는 거랑 천지 차이다

이젠 게을러져서
어깨 아프다는 핑계로
먹는 것도 주문을 한다
불고기 갈비탕 생선에 김치까지

반품 받으러 온 택배 아저씨께
더울 땐 시원한 음료수로
추울 땐 따뜻한 쌍화차로
수고와 감사의 마음을 전한다.

크리스마스 캐럴

내 젊은 날
꿈 많던 기억의 저편들
12월 크리스마스는
거리마다 온통 캐럴송이 퍼진다

팝푼의 솜사탕 같이
달콤한 화이트 크리스마스
실버벨 눈 오는 저녁
내 발길 멈추게 했다

세월 다시 흐르고 나니
왜 이리 곽곽할까
연말이 되어도 캐럴 어디로 갔나
자취를 감추고 있다

서글픈 마음으로
혼자 불러보는
고요한 밤 거룩한 밤
어둠에 묻힌 밤.

달력

달력 한 장 덩그러니
내 곁에 남았다
엊그제 시작이었는데
그놈의 세월 참 빠르기도 하지

한 장 한 장
찢겨나가는 사이에
나는 무엇을 했던가
시도 쓰고 책도 읽고 음악도 들었다

설 추석이 있었고
남편 애들 손주 생일이 있고
국가에서 태극기 걸어주는
내 생일도 들어있다

너를 넘길 적마다
나이가 또 따라오니
큰 기대는 하기 싫고
그저 건강하기만 바랄 뿐이다.

열무국수

여름이면
늘 생각나는
매콤달콤 비빔국수

맛있게 익은 열무김치
쫑쫑 썰어 넣고
국수 한소끔 금방 삶아
고추장 한 스푼에
설탕 살짝 뿌려 넣고
참기름에 조몰조몰 무친다

기분 좋은 날엔
계란도 삶아 살짝 얹고
예쁜 그릇에 듬뿍 담아
좋아하는 남편 앞에 내놓으면
열무 비빔국수는
당신 솜씨가 최고야 하며
엄지손가락을 올릴 땐
내 얼굴에 저절로 미소가 번진다.

등갈비 찜

금년 추석은
너무도 쓸쓸하다
늘 함께 했던
사랑스런 나의 가족들
코로나로 이산가족이 되었다

힘든 일 하기 싫어
내심 잘 됐구나
미소도 지어봤지만
막상 명절이 오고 보니
이렇게 썰렁하고 외로울 줄이야

남편과 단둘이
아침을 먹으며
애들한테 안부전화만 받으니
쓸쓸한 마음 둘 곳이 없다

명절 땐 으레 등갈비 찜이
메인 요리어서
부드럽고 달콤 짭짤하게 만들어
한 상 가득 담아내면

손주들 손 쪽쪽 빨며
만나게도 먹었는데
생전 처음 만나본 쓸쓸한 명절

미운 코로나가 주범이구나.

셋째 마당
그리움이 물드는 언덕

나의 별님 트바로티

차창 밖 가을이
단풍처럼 물드는 날
고속열차는 김천으로 떠난다

나의 원픽
별님 트바로티
소리 길을 찾아 간다

가을 햇살 따갑고
바람 살랑거리니
자꾸만 가슴이 콩닥거린다

좁은 골목길
가정집 담벼락에
별님 노랫말이 관광지를 만들어 놓았다

봄이면 벚꽃 만개할 연화지
지금은 꽃잎 떨어져 썰렁해도
내게 행복을 준 그대 노래 흥얼거려본다
〉

보랏빛 카페에서
보랏빛 커피 잔에 마주한
카푸치노 한 잔 입가를 적신다

카페에서 은은히 울려 퍼지는
별님의 노래 네슨 도루마
내 귓가에 오래도록 머물 것이다.

이 가을엔 울고 싶어라

가을엔 나 혼자서
작은 배낭 하나 메고
홀연히 여행을 하고 싶다

발길 닿는 대로
바람 부는 대로
그렇게 떠돌고 싶다

거닐다 다리 아프면
햇살 잘 든 카페에서
커피 한 잔의 여유도 즐기고 싶다

벌판엔 가을이 농익어가고
곱게 물든 단풍도 바람결에
저마다 아름다움을 선사해 준다

마른 잎 떨어져 길 위에 구르면
나도 노래 따라 흥얼거리고
슬픈 노래 따라 실컷 울고 싶어진다.

노후 준비

칠십대가 되면
병원은 쇼핑하듯 하고
친구처럼 지내라는 말
이제 거짓말이 아니다
나름 열심히 살았고
나만의 시간도 가지며
남편 내조 애들 뒷바라지 하느라
여기까지 왔는데
내 몸 고달프니 재미가 하나도 없다

몇 살까지 살 것인지
그건 아무도 모른다
난 어떤 노후를 준비해야 히니
내 주변 정리는 깔끔하게 하고
나에 대한 정리는 일기 속에 적어 놓는다
어느 날 갑자기
무슨 일이 닥쳐올지라도
중환자실에만 누워있지 않을 것이다
사전 연명 의향 의료서도 준비했으니
깔끔하게 난 그 길을 택하고 싶다.

글마중캐슬이여 영원 하라

글마중 회원들
열정의 꽃밭에서
피땀으로 활짝 피워낸
열다섯 꽃송이들
표지부터 화려하게 수놓았다

마중녀들의 개성
담담한 글 솜씨로
꽉 채워진 글마중캐슬 4
한 송이 한 송이 멋지게 어우러져
나를 미소 짓게 한다

인문학 수업 5년차
평범한 내 삶의 이야기들이지만
우리 함께 피워낸
이 화려한 꽃송이들
아, 어쩌란 말인가

지난해
나의 결혼 50주년에는
『금혼에 부르는 사랑의 세레나데』
나만의 인생 시집도 멋지게 태어났다

글마중캐슬은 내가 살아가는 이유이다
글마중캐슬이여 영원 하라.

소나기

소나기 퍼붓는
허허벌판에
두 팔 벌리고 비 맞으며
서 있고 싶다

하늘 보며
소나기로 세수하고
머릿결 빗물 뚝뚝
흠뻑 젖고 싶다

눈물일까
빗물일까
무언지 모를
내 마음 속 찌꺼기

쏟아지는 소나기야
나의 불면증 이석증
모두 씻어 가다오
내 맘속 연인 소나기야.

비에 젖은 장미

딸내미 살던
정든 아파트 담장에
장미 넝쿨이 휘늘어졌다

매혹의 빨강 장미
비에 흠뻑 젖더니
고운 얼굴에 눈물이
뚝뚝 떨어진다

자꾸만 눈에 밟혀
머물러지는 이 곳
지나칠 때마다
눈가에 외로움이 고인다.

동네 빨래터

나 어릴 적 동네 빨래터
젊은 아낙들 모여 빨래를 한다
비누칠한 옷 방망이로 힘차게 내려친다

아줌마들 깔깔대고 웃으며
서로 얘기를 주고받는다
서방은 못 때려도 옷이나 실컷 두들겨야지

아무개 엄마는 어제 좋았나 봐
웃음이 귀밑까지 걸려있네
까르르 까르르 또 웃어댄다

한쪽에선 방망이로 실컷 때리고
맞은편에선 실실 웃어대고
이젠 그 이유를 늦게야 알겠더라.

그렇게 익어간 무주의 여름밤

차창밖엔 여름이
수박처럼 익어가고
찌는 삼복더위 속에
남편 생일도 익어간다
그해 여름 무주로 떠난
단란했던 가족 여행

시원한 물가에 발을 담그고
가족 모두 둘러앉아
준비해 간 과일 옥수수에
사위가 시켜온 닭백숙 먹으며
무주의 여름밤은 그렇게
도란도란 웃음꽃이 피었다

손자 손녀들
물장구치느라
해 가는 줄 모르고
저녁 메뉴로 내놓은 손수제비
멸치 다시 물에 애호박 감자 넣고
손수제비 뚝뚝 떠 한소끔 끓여내
열무김치와 곁들이니
모두가 엄지척이다

더위 속에 함께 무르익는
시원한 여름 생일 밤.

반세기의 흔적

검은 머리 파뿌리 되려고
길고 긴 터널 지나와
어느새 내 인생 반세기

서로 희끗희끗한 머리
눈가 주름진 얼굴 마주하며
그런대로 편안한 노후를 보낸다

내 남편 평생 은행원으로
사람 좋아하고
친구 좋아하고
술은 더없이 좋아하여
늦은 밤 수없이 술상 차려내니
내조의 여왕 칭호 붙여주었네

음악 취향도 각기 달라
나는 클래식
남편은 트롯
취미 성격 너무 달라
삐걱거리며 여기까지 왔다
〉

빛바랜 추억 한 줌 꺼내보니
내 인생 후회는 없다
남편은 내게 하고 싶은 일
즐기며 살라 북돋아준다
눈빛만 봐도 척 아는 세월
이게 나의 반세기 소중한 흔적
남은 날 서로 애틋하게 여기며 살리라.

나의 인생 스승

철부지 어린 시절
선생님 생각은 기억 저편
내 나이 꽃피는 칠순에
시의 유혹에 빠지라는
매혹적 문구 하나로
인문학에 내딛은 첫발
얼마나 가슴 설렜던가

문학소녀 꿈꿨던 나
감성 높으신 선생님 만나
삽시간에 매료된 시 창작
마술 같은 발상학습지에
가슴 속 시어 색칠해가며
하염없이 빠져든 인문학 바다

내 인생길 늘그막에
문학의 길 활짝 열어주신
고마운 나의 문학 선생님
결혼 오십 주년에 펼쳐낸
『금혼에 부르는 사랑의 세레나데』
첫 시집 곱게도 수놓아 주셨지요
〉

수줍게 꺼낸 가족 얘기
어깨 너머로 좋아했던 음악 얘기
잔잔한 일기 같던 나의 문학을
고운 시의 옷으로 입혀주신
내 생애 최고의 선생님
당신과 동시대를 함께 함이
남은 인생 최고의 행복입니다.

떠나보기

어스름
해질 무렵
붉은 노을을 바라보며
불현 듯 어디로 떠나고 싶다

나만의 공간에서
차를 몰고
좋아하는 음악 들으며
목적지 없이 달려보고 싶다

내 나이
어느새 희수
참 많은 시간이 흘러갔다
세월이 흐른 게 아니라
그 세월 속에 내가 가고 있다

남은 세월
나에게 주어지는 시간들
얼마만큼이 될지는 몰라도
후회 없는 인생을 살고 싶다
〉

쓰고 싶은 글 쓰고
좋아하는 음악 들으며
남편 자식 한데 어우러져
알콩달콩 건강히 살고 싶다.

한 평의 땅

휭하니
쓸쓸한 늦가을
내게 날아든 비보
사십 년 이웃사촌으로
잘 지내온 그 사람
어찌 그리 서둘러
안녕을 고하고 말았네

한동안
멍하니
창밖을 바라보며 서있었다
뜨거운 눈물이 볼을 타고 흐른다
허무한 인생이여
우리네 삶이여

한줌 재
한 평 땅에
영원히 잠든 그 사람
운명이란 이런 걸까
아직도 믿을 수가 없다
내게 주어진 만큼 열심히 살자
어차피 인생은 혼자이니까.

넷째 마당
아픔도 추억이 되려니

아픔도 추억이 되리니

머나먼 섬 제주에서
혼자 첫딸 낳았을 때
그 막막함 어찌 떠올리랴

엄마는 너무 멀어 못 오시고
남편은 술이 떡이 되어 갈팡질팡
혼자서 이빨 자죽 악문 피멍 기가 막혔다

친정 엄마 곁에서 출산했더라면
예쁜 이불, 배냇저고리
차곡차곡 준비해 예쁜 첫딸 맞았을 텐데

엄마 될 준비도 없이
아이를 품에 안고 얼마를 울었던지
그 딸아이 지금 오십이 넘어
아들 딸 기르며 지혜롭게 잘 살고 있다

이제 내 생이 주어지는 그 시간까지
게으름 피우지 않고 좋은 음악 들으며
한 권의 시집이라도 더 읽으며
후회 없이 잘 살았노라 말하고 싶다.

하얀 목련

파아란 하늘 빛 배경으로
사월 햇살에 눈이 부시다

하얀 목련 네 모습에
내 젊은 날 그려본다

밤사이 비바람에 아파하더니
우아한 꽃잎들 어디에 있니

세월이 지나가니
내 모습과 닮아있구나

꽃잎이 진다
사월이 간다.

쑥 지짐이

일주일마다 서는 동네 장터
무얼 살까 망설이다
소담스레 쌓아놓은 쑥 바구니
내 발길 멈추게 했다

종종걸음으로 집에 와
쑥을 다듬어 쑥전을 부쳤다
푸릇푸릇 살아 오른 쑥에
찹쌀 부침가루 예쁘게 입혀
계란 물에 쑥을 버무린다

고소한 들기름 흠뻑 둘러
국자 가득 팬에 부쳐내니
고소한 향기 집안에 요동친다
냄새 따라 주방까지 나온 남편
막걸리 한잔 해야겠는 걸
우린 서로 마주보며 씨익 웃었다.

꽃다발

꽃 중의 꽃
장미꽃 한 다발
그 그윽한 향에 취하고 싶다

일곱 송이 수선화
트윈폴리오의 하모니에
허밍으로 콧노래를 실어본다

아름다운 신부가
다소곳이 부케를 들었던
안개꽃에 살짝 미소 짓던 모습
지금도 그립다

이제
내게도 황혼이 찾아오니
산등성이에 핀 할미꽃도 눈에 들어온다
보랏빛 그 할미꽃에 내 눈길이 머문다

꽃이여
향기여
아름다움이여
내 곁에 오래오래 머물러 다오.

목련꽃

고고한 자태의 목련이여
햇살 받아 눈부시더니
그 어느 날 비바람에
떨어져버린 목련꽃잎
젖은 땅에 외로이 뒹군다

목련꽃 피면 생각나는 사람
옛 친구들은 어디서 무얼 할까
목련꽃 그늘 아래서 베르테르의
편지를 읽노라는 사월의 노래가
입가에서 자꾸 흥얼거려진다.

봄비

비 오는 창밖을 무심히 바라보니
보슬보슬 봄비 대지를 적셔준다
우산을 받쳐 들고 밖으로 나가보니
울적한 내 마음도 함께 젖는다

추운 겨울 다 지나고
어김없이 봄은 찾아오는데
봄비, 나를 울려주는 봄비는
울적한 이 마음 달랠 길 없구나.

밤새 내린 눈

밤사이
하얀 눈이
온 세상을 눈부시게 수놓았다

창밖을 내다보니
눈이 시리다
이 세상도 하얀 눈처럼 깨끗해질까

눈이
덮이면
어두운 터널도 있으리라

겨울 가지에
앙상히 걸려있는 우울감
맑고 하얀 저 눈이 지워주려나.

산 너머 봄자락

포근한 품속
그래도 봄바람은 차다
햇살 잦은 베란다에 앉아
먼 산자락을 바라다본다

어느 시인의 시 구절이 떠오른다
산 너머 남촌에
행복이 있다기에
따라가 눈물만 머금고 돌아왔다고

그래도 사람들은
아직도 산 너머에
행복이 있다고 말들 하니
봄은 행복 안고 내 맘 속에도 들어오겠지.

나만의 일기장

한 살 더 보태지니
나의 노후는 어떤 모습일까
예전 설날은 자식 손자들
한꺼번에 만나볼 기쁨에
들뜬 맘으로 음식 장만했는데
이젠 모두가 귀찮아진다

나만의 일기장에
하루 일상을 소중히 적어본다
먼 훗날 어떤 슬픔이 닥치더라도
내 일기장 자식들이 볼 수 있게
일목요연하게 써내려가고 있다
내 주변 정리 잘 히니 걱정은 없다

코로나 19로 인해
지난해부터 설풍경도
마른 꽃처럼 드라이하다
오지 않을 내일 걱정하지 말고
난 오늘 즐거이 살기 위해
클래식 음악에 내 마음을 맡겨본다.

인생 낙엽

곱게 물든 낙엽이
바람결에 흩날린다
뜨거운 여름 불같은 중년이 되어
한껏 정열을 다 쏟아내니
이제 그 곱던 내 인생 나뭇잎들
저마다 예쁜 색동옷으로
뽐내며 으스댄다

빨갛게 물든 희수의 단풍
눈이 시도록 아름답다
빛 고운 추억 속 낙엽 떼들
부는 바람에 이리저리 뒹굴더니
내 머리 위에 내 발등에 떨어진다
세월의 흐름도 아름다운 낙엽이리라
내 인생도 이렇게 곱게 익어가고 있다.

액땜

키친타월 꺼내려고
식탁 의자에 올라서다
열려진 씽크대 모서리에
내 머리 정수리를 찍혔다

앗뿔사

내 눈에서 불이 번쩍
빨간 피도 묻어 나온다
어찌나 아프고
눈앞이 아찔하던지
정신을 차리고
거즈로 머리만 눌렀다.

남편은 부재중이다

일요일이라
어찌해야 하나
응급실을 가야 하나
나 혼자 발만 동동거렸다
마음 한켠에선
이만하길 다행이라고

나에게 위로를 건넨다
섣달 막바지 큰 액땜 하나 했나 보다.

골프경기

나는
LPGA의
여자 골프경기를 참 좋아한다
파란 하늘 푸른 잔디에서
호쾌한 드라이브 샷을 날린다
좋아하는 선수가 출전하면
내 눈은 TV에 박히고 만다

장타로 공이 멀리 날아가면
얼마나 시원한가
내 마음도 함께 기분이 좋다
세컨 샷으로 아이언을 치고
홀 가까이 볼을 붙인다
그날 경기가 잘 풀리는 날이면
바로 버디로 이어지고
아니면 파세이브나 보기 플레이다
운동경기는 실력이지만
그날 운도 무시할 순 없다

내가 골프를 치는 것도 아니지만
좋아하는 선수가 점수를 못 내면
그땐 엄청 속상하다

잘 되는 날은
기쁨의 세레모니로
함께 행복해진다.

머플러

겨우내 추운 날씨에
따뜻한 머플러가
내 목을 감싸주었다
감기 들지 말라고
기침하지 말라고
나를 생각해 주는 마음
꼭 우리 엄마 품속 같다

살며시 부는 봄바람에
파스텔 톤의 쉬폰 머플러로
잔뜩 멋을 부려본다
늘어뜨릴까
목에 돌돌 말아 볼까
내일은 분홍색 머플러
멋지게 휘날려봐야지.

수수부꾸미

나 어릴 적
생일이나 명절 때면
맛나게 부쳐주시던
울 엄마표 팥 수수부꾸미
막내딸인 나를
끔찍이도 사랑해 주신 울 엄마

차수수 반죽 정성스레 하시어
팥 앙금으로 소를 넣고
반달 모양 예쁘게 빚어
들기름에 지져낸 수수부꾸미
고소하고 정말 맛있다

가끔씩 떠오르는 엄마 생각
해마다 명절이 돌아오면
인자하신 엄마의 얼굴
그리움으로 물이 들고
수수부꾸미가 절로 생각난다.

희수에 띠우는 추억의 랩소디

김효순 제2시집

| 평론 |

아름다운 인생 희수에 부르는 사랑의 랩소디

교육학박사/문학평론가
김 숙 자

1. 들어서며

누구나 인생을 살아가는데 아직 정도는 없다. 누가 어떤 인생을 살았기에 아름답고 누가 어떤 인생을 살았기에 값지다고 정확히 매김 하기는 참 힘들다. 인생이란 내가 살고 싶은 대로 살아지지도 않은 게 바로 인생인 것이다. 그러나 누군가를 막론하고 내 인생에 최선을 다해 살아가는 모습이 바로 우리가 바라는 아름다운 인생관일 것이다. 그래서 인생이란 모두 동등하지가 않고 개인차가 심하다. 아무도 알 수 없는 힘든 그루터기를 건너기도 하고 그 그루터기를 지나며 수많은 희로애락을 만나기도 한다. 아무리 최선을 다해 살았지만 내가 바라는 욕망의 그릇을 다 채우기는 어려울 것이다. 이것은 인생 각자에게 불어 닥친 역경과 사정이 다 다르기 때문에 파고가 좀 높게 일던 날도 있고, 더러는 풍파가 심한 날들도 있었을 것이다. 그 깊이와 넓이를 알 수 없는 가파른 항해가 바로 인생길인 것이다. 김 효순 시인도 역시 그러한 인생의 파고를 잘 넘고 넘어 지금의 아름다운 '희수의 길'에 잘 들어선 것이다. 만족한 삶은 바로 내 마음 안에 있는 것이지 어떤 외향적인 삶의 데이터나 겉모습으로는 잘 나타나기가 쉽지 않다.

　김 효순 시인의 삶을 다는 엿보지 못했지만 그래도 비교적 가까운 거리에서 김 시인의 모습을 오랫동안 지켜볼 때는 참으로 행복하고 성공한 인생에 속한다고 볼 수 있다. 첫째는 외모에서 풍기는 자신감과 매너가 그의 삶을 잘 말해 주고 있다. 자신감이란 내가 하고자 한 것, 내가 갖고자 한 것, 내가 찾고자 한 것, 내가 해야 할 도리, 이 모든 것들이 복합적으로 잘 이루어졌을 때 겉으로 거짓 없이 나오는 자세이다.

　첫째는 김 시인의 글에서 옹이가 없고 참 평화롭다. 둘째는 삶의 장면에서 늘 노래가 함께 곁들여져 행복의 시너지가 우러나온다. 셋째는 남을 잘 배려하고 그 의지를 깔끔하게 관철시킨다. 셋째는 인간관계에서 주저주저하지 않고 매우 시원스럽고 깔끔하다. 그래서 곁에서 함께 한 모든 친구나 단체나 활동에서 늘 존경을 받는 인물이다. 이 정도로만 살아왔어도 희수에 돌아보는 인생 성적표는 그야말로 돋보이는 에이스라 할 수 있다.

2. 일상의 진실성

　우리가 시를 쓸 때 '일상성'은 중요한 주제로 떠오른다. 미술이나 영화에서도 그러하지만 개인적인 취향이나 글쓰기에 대한 태도, 사물을 바라보는 각자의 관점 차이에도 불구하고 대체로 삶과 그 주위를 반경으로 '일상성'을 중심으로 결집되는 시 쓰기

경향은 20세기 말 이후 우리가 겪은 사회상황의 변화와 밀접하게 연결되어 있다. 이렇듯 일상의 미학은 세련되고 기발한 언어를 활용하여 서정성으로의 복귀라는 외형적인 성과를 나타냈지만, 시 자체에 대한 자의식 결핍, 서정의 본질에 대한 이해와 인식 부족이 겹치면서 우리 시의 힘을 오히려 약화시키는 결과를 초래하고 있다. 김 효순 시인의 시에 나타난 경향도 일상의 삶에서 나타나는 관조나 명상, 나아가 외경이 잔잔하게 드러난다. 이러한 미덕은 김 효순 시인의 시편의 뼈대를 이루는 핵심 화두로 나타나고 있다.

> 온갖 색들로 만발한
> 화려한 제주 수국 정원
> 모처럼 숨겨온 포즈를 잡고
> 젊은 날 기질을 살려 기념사진을 찍었다
>
> 틈틈이 즐기는 브런치 카페
> 제주에서 밋보는 성게 미역국
> 맛있는 흙돼지 구이
> 오늘따라 천하일품이다
>
> 그이의 첫 부임지였던 제주
> 내가 낳은 아들 딸 앞장 세워
> 이제 팔순의 노을로 찾아온 우리
> 참 잘 살았다고 토닥토닥 품어준다.
> ―「제주 수국 정원에서」 전문

오랜만에 찾은 제주에서 모처럼 김 시인은 위안을 받는다. 남편의 첫 부임지로 낯선 땅 제주에서 처음 살림을 차리고, 첫 딸을 낳으면서 눈물과 외로움과 서러움이 배어나오는 지난날을 추억해보며, 그땐 모든 게 낯설고 가족의 품을 벗어났기 때문으로 생활이 온통 외로움 투성이었다고 시인은 회고한다. 그러나 남편의 팔순과 나의 인생 회수를 맞아 모처럼 사랑하는 자식들과 제주를 찾아가니 사뭇 감회가 다르고, 오히려 내 삶을 잘 살아왔다고 다독여주며 많은 위안을 받고 돌아온 듯하다. 더구나 아들 딸 사위와 함께 떠난 여정이어서 더욱더 행복하고 단란했던 한때였던 것 같다. 제주의 아름다운 수국 정원에 우리도 마치 함께 있는 듯 그 아름다움에 한껏 취해 보았다.

3. 삶을 비추어 주는 탐조등

우리가 쓰는 시에 진실이 없다면 독자들은 곧바로 등을 돌릴 것이다. 독자들은 허위와 가식 그리고 거짓스러움으로 포장된 언어의 들먹임을 금방 알아차리게 되기 때문이다. 글을 쓴 시인에게 누가 허망하다고 시원찮다고 직접적인 애기를 내뱉겠는가? 그러나 시인은 스스로가 독자들에게 진솔한 삶의 내면을 따사로이 보여주면서 진실성 있고 감동을 자아낼 수 있는 한 가닥 서정이나 운치 있는 삶의 재치를 글로 끌어낼 수 있어야 한다.

정말 많은 시들이 감동 한 줄기 선사해 주지 못한 시들이 난무하고 있는 요즈음 개인적인 삶의 흔적이나 감흥을 단편적인 어휘 몇 행에 담아내어 시라고 강변하는 시대에 진실하고 좋은 시인이 되기 위해서는 무엇보다도 현실을 정확히 보는 안목이 있어야 하고, 그 터전 위에 개성적이고 변별력 있는 표현력, 대응력 등이 반드시 필요하다고 본다.

진부한 일상의 조각을 주어 담기에 바쁘거나 진정한 교감의 차원에 다다르지 못하는 자연 접근, 부재하는 실제에 대한 착각과 맹목적 집착 그리고 진지성을 결여한 언어 실험 등으로 치장하면서 시인의 내공을 게을리 하는 시도 적지 않다. 그러나 김효순 시인의 시는 사소한 일상의 틈새 속에서도 하찮은 것 하나에서도 즐거움을 찾아내고 아주 작은 거 하나에서도 삶의 소중한 진실과 맛 그리고 풍미를 되살려 내어 자칫 잊고 살기 쉬운 사물과 현상으로부터 올바른 가치관을 찾고, 삶의 진실성을 깨우쳐 주며 함께 공감할 수 있는 시를 빚고 있어 참으로 반갑다. 삶의 진실이 듬뿍 묻어나는 생활 시 한 편 감상해 보자

남편과 나는
호박잎쌈을 너무 좋아한다
일주일미디 동네 장더에시
호박잎 사재기를 한다
꽉 찬 한 보따리 사고 나면
부자가 된 듯 기분이 짱이다
삼발이에 호박잎 한소끔 찌고
된장에 소고기 버섯 양파 청양 고추에
갖은 양념 넣어 자박자박 강피장을 졸여낸다

초록빛의 호박잎쌈을
두 세장 예쁘게 펴고

밥 한 숟갈에 강된장 얹어

푸짐하게 싸서

입이 터질 만큼 싸 먹으면

집 나간 입맛까지 되돌아온다

강된장에 호박잎쌈은 정말 밥도둑이다.

— 「호박쌈」 전문

4. 삶에 녹아나는 사랑의 랩소디

　김 효순 시인의 삶에는 늘 노래가 함께 한다. 이것은 어린 시절 오빠와 함께 자라면서 귀동냥으로 들었던 노래들이 지금까지도 삶에 멋스럽게 젖어 있다. 그러기에 지금 희수를 맞이하는 지금까지도 팝송교실을 빼먹지 않고 다니고 있다. 그것은 생활이 곧 음악의 연속이고, 노래는 그의 그리움이자 추억이기 때문이다. 생활에 찌들어가다 보면 좋아하던 음악도 다 뒷전으로 나 앉기 마련인데, 지금까지 삶의 언저리에서 음악을 잊어본 적이 없다. 그만큼 김 시인은 음악 애호가이기도 하다. 아마도 시를 쓰게 된 근원도 음악적 감수성이 시를 이끌어내지 않았나 싶다. 김 시인이 요즈음 좋아하는 음악가는 트바로티 '김 호중'이다. 그냥 좋아하는 게 아니라 아주 찐팬이다. 그의 음악과 삶의 모두를 다 사랑하고 응원해 주고 있는 숨은 팬이다. 얼마 전에는 김 호중 길이 생겨 그곳까지 다녀오기도 했고, 차를 운전할 때도 김 호중 음악은 자연스레 그와 동반한다. 아마도 성량이 풍부한 성악가에다 요즈음 대세인 트롯까지 겸부시켜 잘 하기 때문에 '김 호중'

과 '김 시인'은 떼려야 뗄 수 없는 2인 삼각이다.
 자 그럼 트바로티를 향한 시 한 편 만나보자.

    차창 밖 가을이
    단풍처럼 물드는 날
    고속열차는 김천으로 떠난다

    나의 원 픽
    별님 트바로티
    소리 길을 찾아 간다

    가을 햇살 따갑고
    바람 살랑거리니
    자꾸만 가슴이 콩닥거린다

    좁은 골목길
    가정 집 담벼락에
    별님 노랫말이 관광지를 만들어 놓았다

    봄이면 벚꽃 만개할 연화지
    지금은 꽃잎 떨어져 썰렁해도
    내게 행복을 준 그대 노래 흥얼거려본다

    보랏빛 카페에서
    보랏빛 커피 잔에 마주한
    카푸치노 한 잔 입가를 적신다

〉
카페에서 은은히 울려 퍼지는
별님의 노래 네슨 도루마
내 귓가에 오래도록 머물 것이다.
　　　　　　　　—「나의 별님 트바로티」 전문

　이처럼 김 시인의 생활에는 노래가 녹아있다. 그래서 김 효순 시인에게는 음악은 또 다른 그의 분신이기도 하다. 어느 시에서나 늘 음악이 맴돌고, 그 시 속에서 음악이 저절로 자리를 잡는다. 김 효순 시인의 감성에는 음악성이 늘 도사리고 있어 그와 함께 하고 있다. 삶의 중심에 음악이 함께 한다는 건 그만큼 가슴자락이 풍요하고 생활이 밝고 고우며 삶의 지표에 반드시 음악이 함께 동반을 하고 있어 삶이 풍요롭다.

5. 세상의 순환을 눈여겨보다

　문학이 그 시대의 현안을 예술적으로 접근하고 이해하고, 나름의 대안을 제시하는 일은 참으로 중요하다. 시인이 자신의 고유한 감성의 미덕을 발휘하며 시대가 안고 있는 고민과 현안과제에 예술적인 탐구를 시도하는 의지의 실천은 바람직한 까닭이다. 김 시인도 어쩔 수 없이 맞이해야 하는 나이와 늙음이라는 현실은 이제 남의 일이 아니고 본인이 당면한 과제가 되고 있다. 희수라는 나이를 맞이하면서 이제 세상의 순환 논리와 나이 듦의 미학은 자연스레 받아들여야 하는 어젠다일 수밖에 없다. 이제 김 효순 시인이 당면하고 있는 순환 과정은 지극히 자연스러운 생의 순리이기 때문이다. 가끔씩 현실을 잘 받아들이다가도 그때그때 찾아드는 우울감은 생의 순환이 자꾸자꾸 빨리 내게 다가오는 것 같은 압박감에서 나오는 우울감이다. 이제 더 대범하게 생의 희로애락에 과감히 순응해야 할 성숙한 나이가 도래한 것이다.

다음 시 「희수에 부쳐」 한 편 함께 만나보자.

>힘겨운 삶의 그루터기 넘다보니
>어느새 내 나이 럭키럭키 세븐
>올해도 상반기가 훌쩍 지나갔다
>왜 이리 세월이 빠른 걸까
>
>이만하면 살 것 같더니
>초봄부터 어지럼증이
>자꾸만 친구하자 괴롭히니
>매사가 힘들고 귀찮기만 하다
>
>병원 여기저기를 드나들며 걸을 때면
>뱃멀미처럼 속이 울렁울렁 거려
>넘어질까 봐 조심스럽다
>
>내 인생 꽃피는 칠십대
>아플 때도 되었지만
>하루하루 후회는 없다
>더 곱고 야물게 잘 익어가야지

〉
이제 한눈 팔 시간이 없다
어제보다 더 아름다운 노을 인생
건강 지키며 재미나게 살고 싶다.

—「인생의 통지표」전문

6. 김 효순 시의 뜨락을 나오며

    김 효순 시인은 인생을 참 반듯하게 잘도 살아온 듯하다. 여자의 일생이 모두 비슷비슷한 양상을 띠고 있지만 김 효순 시인의 삶의 반경은 대체로 큰 풍파가 없이 평온한 일생을 잘 건너온 듯하다. 어렸을 때도 막내딸로 태어나 온갖 귀여움을 다 받고 자랐으며, 결혼 이후도 안정감 있는 은행원을 만나 큰 풍파 없이 인생의 파고를 잘 건너온 사람이다. 자식들도 딸과 아들 둘을 낳아 대학교육 잘 마치고 지금은 서울에서 남부러울 것 없이 안정된 삶을 살고 있다. 대부분 노후의 삶은 자식들의 안정세에 따라 나의 노후도 결정지어지기 때문에 이젠 아무 걱정 없이 아프지 말고 남은 두 부부 해로하기만을 바랄 뿐이다.

    올해 희수를 맞이한 김 효순 시인은 이만하면 내 인생 남부럽지 않은 생을 살아왔다고 자부를 해도 될 것 같다. 이젠 더도 덜도 말고 지금만큼의 건강으로 하고 싶은 팝송공부, 문학공부 계속하며 볼링으로 건강한 삶의 아름다운 묘미를 느끼며 후회 없는 삶을 가꾸기를 부탁하며 김 시인의 멋진 뜨락을 나온다.

희수에 띠우는 추억의 랩소디
김효순 제2시집

희수에 띄우는 추억의 랩소디
김효순 제2시집

발 행 일	2022년 9월 5일
지 은 이	김효순
발 행 인	李憲錫
발 행 처	오늘의문학사
출판등록	제55호(1993년 6월 23일)
주　　소	대전광역시 동구 대전로 867번길 52(삼성동 한밭오피스텔 401호)
전화번호	(042)624-2980
팩시밀리	(042)628-2983
카　　페	http://cafe.daum.net/gljang(문학사랑 글짱들)
	http://cafe.daum.net/art-i-ma(월간 충청예술문화)
전자우편	hs2980@daum.net
계좌번호	농협 405-02-100848(이헌석 오늘의문학사)
공 급 처	한국출판협동조합
주문전화	(02)716-5616
팩시밀리	(02)716-2999

ISBN 979-11-6493-218-4
값 10,000원

ⓒ김효순 2022

* 이 책의 판권은 저작권자와 오늘의문학사에 있습니다.
* 이 책은 ㈜교보문고에서 E-Book(전자책)으로 제작·판매합니다.
* 잘못 만들어진 책은 구입하신 서점에서 교환해 드립니다.